Valérie Perreault

 La

à

Illustrations de **Jean Morin**

Clément et Julien sont deux frères
qui aiment rire, s'amuser et relever
de nouveaux défis. Les deux font la paire
et, de ce fait, une équipe du tonnerre.
Leur sixième aventure débute lors
d'une glissade vertigineuse.

Catalogage avant publication de Bibliothèque et Archives
nationales du Québec et Bibliothèque et Archives Canada

Perreault, Valérie, 1968-

    La côte à Iwi
    (M'as-tu lu? ; 42)
    Pour enfants de 7 ans et plus.

    ISBN 978-2-89595-650-1

I. Morin, Jean, 1959- . II. Titre. III. Collection: M'as-tu lu? ; 42.

PS8631.E775C67 2012   jC843'.6   C2012-941405-0
PS9631.E775C67 2012

Auteure : **Valérie Perreault**
Illustrateur : **Jean Morin**
Graphisme : **Julie Deschênes et Mika**

Dépôt légal – Bibliothèque et Archives nationales du Québec,
3ᵉ trimestre 2012

ISBN 978-2-89595-650-1

Gouvernement du Québec – Programme de crédit d'impôt
pour l'édition de livres – Gestion SODEC

Boomerang éditeur jeunesse remercie la SODEC pour l'aide
accordée à son programme éditorial.

Nous reconnaissons l'aide financière du gouvernement du
Canada par l'entremise du Fonds du livre du Canada (FLC)
pour nos activités d'édition.

Imprimé au Canada

1

Un cadeau de taille

Il est cinq heures du matin. Le père de Clément et Julien se glisse discrètement dans la chambre de ses garçons, qui dorment **PROFONDÉMENT**. Par inadvertance, il réveille Clément. Ce dernier le regarde, SOURIT puis se rendort.

— Bonne journée, papa ! marmonne-t-il entre deux ronflements.

Deux heures plus tard, Clément se LÈVE EN COUP DE VENT et s'écrie :

— Julien, réveille-toi !

Puis, il bombarde son frère de peluches. Affolé, celui-ci lui demande :

— Que se passe-t-il?

SOURIRE en coin, Clément répond:

— C'est ta fête!

— J'avais oublié! *s'exclame* Julien.

— As-tu vu? dit Clément. Papa a déposé un cadeau au pied de ton lit tôt ce matin.

·5·

En effet, Julien trouve un **IMMENSE** paquet près de lui. Mais il a beau le *tourner* et le *retourner*, il ne parvient pas à deviner ce que c'est.

— **Allez! Déballe-le!** s'impatiente son frère en allumant la télévision.

Julien s'exécute au son du générique de l'émission qu'anime leur père, Bôtan Môvètan.

— C'est un toboggan ! déclare-t-il joyeusement.

— Du soleil, du soleil, et encore du soleil, annonce le célèbre météorologue.

— Merveilleux ! s'écrient simultanément les garçons en se tournant vers la télévision.

7

— Aujourd'hui, poursuit Bôtan Môvètan, si c'était ma **fête**, j'irais glisser.

— Où ? demande Julien dans un curieux FACE À FACE avec son père à l'écran.

— ... sur la côte à Iwi, complète ce dernier.

— Bonne fête, mon garçon ! conclut le météorologue en adressant un **clin d'œil** à son fils.

8

2
La côte à Iwi

— Où se trouve la côte à Iwi? demande Clément en se dirigeant vers l'ordinateur familial.

— Dans le parc Dentonin, lui répond sa mère en train de préparer le petit-déjeuner.

Puis elle se tourne vers Julien.

— **Bonne fête**, mon garçon! lui dit-elle en l'étreignant **tendrement**.

— Merci, maman!

Après avoir mangé de délicieuses crêpes, Clément et Julien s'habillent **chaudement** et se rendent au parc avec Moue Hette. Quand elle aperçoit les côtes du parc Dentonin, leur amie ailée s'inquiète :

— Nous embarquons-nous dans une galère ?

— Et pourquoi pas ! *lancent* Clément et Julien.

Puis, le trio se dirige vers le panneau d'information.

— La côte à Pampette, lit Moue Hette. « DÉBUTANT ».

— La côte à Moképon, poursuit Clément. « INTERMÉDIAIRE ».

— La côte à Iwi, termine Julien. « EXPERT ».

— Allons-y! s'exclament les garçons sans prendre le temps de lire les directives que l'oiseau leur indique du bout de l'aile.

Une fois sur place, ils contemplent rapidement le paysage, S'ÉLANCENT sur la côte et la dévalent À TOUTE ALLURE.

— ATTENTION ! s'écrie Moue Hette en les survolant. Il y a...

Mais il est déjà trop tard. Clément et Julien s'engouffrent dans un TUNNEL qui les mène dans une série de spirales ET DE DESCENTES ÉPOUSTOUFLANTES.

— Qu'est-ce qui se passe? demande Julien.

— Je n'en ai pas la moindre idée! répond Clément.

Au bout de quelques secondes, le toboggan s'immobilise au milieu d'un IMMENSE DÉSERT BLANC.

— Où sommes-nous rendus? s'interrogent les enfants.

— Dans le monde Dentonin, leur révèle ce qui semble être un tout petit pingouin sorti de nulle part.

3

Les skuas

Mal remis de leur spectaculaire glissade, Clément et Julien se frottent le bas du dos tout en observant l'oiseau qui leur a parlé: le haut de sa poitrine et le contour de ses yeux et de son bec sont orangés.

— C'est un manchot empereur, il est gentil, s'écrie Moue Hette, qui semble voir tout ce qui se passe bien qu'elle-même soit invisible.

— Bonjour! dit celui-ci en s'approchant des garçons. Je m'appelle Iwi.

— Salut! bredouillent-ils en se présentant tour à tour.

— Comment avons-nous fait pour aboutir en **Antarctique**? demande Julien.

Ne sachant trop que dire, leur nouvel ami répond :

— La **SORTIE** est par ici.

Rassurés, les garçons lui *emboîtent le pas*.

— L'air n'est pas aussi glacial que je l'aurais cru, constate Clément.

— C'est pourtant l'endroit où il fait le plus **FROID** au monde, déclare son frère.

Les garçons aperçoivent alors une nuée d'oiseaux qui se dirige vers eux à toute allure. **AFFOLÉ**, Iwi s'écrie :

— **DES SKUAS !**

— Des quoi ? s'informe Clément.

— Des skuas, répète Julien. Ces oiseaux sont l'un des prédateurs du manchot.

— Par ici, commande Iwi en S'ÉLANÇANT sur une pente sinueuse.

— **SUIVONS-LE !** crie Julien. Il faut éviter de le perdre de vue.

Alors qu'ils dévalent la côte, un bouton rouge **apparaît**, comme par enchantement, sur le toboggan.

— À quoi peut-il bien servir ? se questionne Clément.

— **PEU IMPORTE !** répond Julien. **ENFONCE**-le !

Un **IMMENSE** filet tombe alors sur un skua et l'immobilise.

— **ENFONCE**-le à nouveau ! insiste son frère. Il faut empêcher ces oiseaux d'atteindre Iwi.

L'un après l'autre, les skuas se font capturer. Contrariés, les autres abandonnent la partie.

TIDILIDIP ! TIDILIDIP !

— On a gagné ! s'exclament les garçons avant de tomber dans l'eau.

4

Le léopard de mer

Oubliant qu'ils sont à plus d'un millier de kilomètres de la maison, Clément et Julien profitent de ce bain inattendu dans l'océan pour nager et s'amuser avec Iwi.

21

— J'aimerais bien faire une visite guidée du fond marin, risque Clément.

— **Bien sûr !** répond le manchot. Agrippez-vous à mes ailes.

À la première plongée, ils aperçoivent des araignées de mer et des oursins.

— Wow ! fait Julien. J'ai eu l'impression de voler sous l'eau.

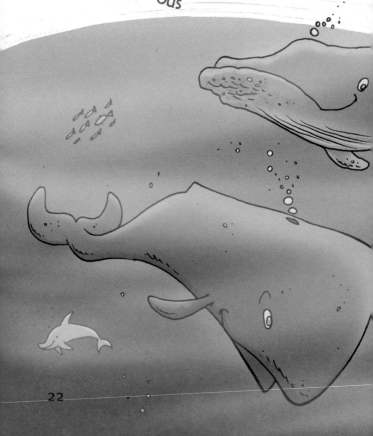

22

Lors des plongées suivantes, ils rencontrent des dauphins, des cachalots et des rorquals.

— C'est magnifique ! s'extasie Clément.

— Reposons-nous quelques instants sur ce BLOC DE GLACE, suggère Julien en refaisant surface. Je suis à bout de souffle.

Une SECOUSSE BRUSQUE fait alors perdre l'équilibre à Iwi, qui tombe malencontreusement à l'eau.

— **DES LÉOPARDS DE MER !** réussit-il à dire avant de tomber.

Saisi, Clément regarde Julien.

— Ces mammifères sont aussi des prédateurs du manchot, lui explique son frère.

— Suivez-moi! lance l'oiseau en se faufilant rapidement entre les plaques de glace.

— **ALLEZ-Y !** s'écrie Moue Hette, que les garçons ne parviennent toujours pas à voir. Évitez de perdre Iwi de vue.

Tout en poursuivant les phoques qui **POURCHASSENT** Iwi, Julien crie à son frère :

— **ENFONCE** le bouton **VERT** qui vient **d'apparaître** sur le toboggan.

Des BLOCS DE GLACE tombent alors de chaque côté des léopards de mer, protégeant ainsi Iwi. Complètement neutralisés, les prédateurs battent en retraite.

TiDILIDIP ! TiDILIDIP !

— Bravo ! s'exclame Moue Hette.

— **On a gagné !** crient les garçons avant de se retrouver FACE À FACE avec la famille d'Iwi.

5

La crevasse

— Te voilà ! dit le père d'Iwi en l'apercevant. Nous avons passé l'avant-midi à arpenter la banquise pour te trouver. **SORS DE L'EAU !**

Pris sur le fait, le petit manchot obéit *rapidement* à celui qui l'a couvé seul pendant deux mois.

27

— Pourquoi t'es-tu SAUVÉ ? **GRONDE** sa mère.

— Je voulais voir la mer, répond l'oisillon.

— **MAIS TU N'AS QUE** DIX MOIS, réplique-t-elle.

— ... **et demi !** complète le manchot.

Son père pointe alors Clément et Julien, et demande :

— Qui sont ces **drôles d'oiseaux** ?

— Des amis, explique Iwi. Je m'apprêtais à leur montrer la porte de **SORTIE** lorsque nous avons été attaqués par des skuas, puis par des léopards de mer.

29

HORRIFIÉE, sa mère ordonne à la famille de rentrer immédiatement à la maison. Ne sachant trop que faire, Clément et Julien se mettent en rang derrière Iwi et ses parents et, les suivent en se dandinant tout comme eux.

— Soyez prudents! recommande Moue Hette. La...

— **CRAAAC!** résonne subitement la banquise.

Les garçons et Iwi sont alors précipités au creux d'une fente profonde.

— Comment ferons-nous pour nous sortir de cet abysse? *soupire* Julien en se remettant de sa chute.

— **REGARDE!** lui dit Clément.

À l'exception d'Iwi, tous les manchots ont ancré leur bec dans la neige afin d'éviter d'y dégringoler.

— On dirait un ESCALIER, remarque Julien.

— Gravissons ces MARCHES inattendues, suggère Clément.

— **FAITES VITE !** dit Moue Hette. Il ne vous reste que trente secondes.

— Trente secondes pour quoi ?

— Peu importe !

Perplexes, les deux frères se servent des manchots pour escalader rapidement le MUR DE NEIGE, à la suite d'Iwi. Au fur et à mesure que le trio se rapproche du SOMMET, des manchots se détachent du mur.

— **DÉPÊCHONS-NOUS !** dit Iwi.

TiNTiNTiNTiN !

Quelques efforts plus tard, Iwi s'écrie :

— **ÇA Y EST !** Je suis arrivé.

— Moi aussi ! **s'exclame** Clément en le rejoignant.

— Je n'y arriverai pas, grogne Julien. Le poids du toboggan me ralentit.

— Laisse-le tomber ! suggère son frère.

— **JAMAIS !** dit-il.

Et dans un effort ultime, il atteint son but.

— Bravo ! le félicite Moue Hette alors que l'image d'Iwi, de sa famille et de la banquise s'estompe.

TIDILIDIP !
TIDILIDIP !
TIDILIDIP !

34

« GAME OVER »

Comme par enchantement, Clément et Julien se retrouvent au **SOMMET** de la côte à Iwi.

— Comment se fait-il que nous soyons revenus à notre point de départ ? s'étonne Clément.

— Je n'en ai pas la moindre idée !
déclare Julien. Où est Iwi ?

Désorientés, les garçons
regardent tout autour d'eux dans
l'espoir de le retracer.

— **Super !** s'exclame Moue Hette
en les rejoignant. **Quelle partie !**

— **Quoi ?** fait Clément.

— **Toute une partie !** répète-t-elle.

— MAIS DE QUOI PARLES-TU ?
s'impatiente Julien.

— Quelle bravoure ! poursuit-elle.

— C'est assez ! gRommelle Clément.

— **Explique-toi !** dit Julien.

— C'est pourtant simple, répond Moue Hette. Si vous aviez pris le temps de lire les directives qui se trouvaient sur le panneau d'information à l'entrée du parc, vous auriez su que la côte à Iwi fait partie d'un jeu virtuel et que le toboggan... en est la manette.

— Brillant ! s'exclament en chœur les garçons en *s'élançant*, cette fois, sur la côte à Moképon.

Glossaire

Abysse : grande profondeur océanique

Agripper : accrocher avec force

Ancrer : fixer solidement

Arpenter : marcher à grands pas (figuré)

Banquise : amas de glaces flottantes

Bravoure : vaillance, courage

Bredouiller : parler de manière rapide en prononçant mal

Contempler : considérer attentivement et admirer

Couver : couver les œufs jusqu'à leur éclosion

Dandiner (se) : se balancer gauchement

Dévaler : aller de haut en bas très rapidement

Directive : instruction générale

Engouffrer (s') : se précipiter à l'intérieur de

Époustouflant : surprenant

Estomper : devenir de moins en moins visible

Glacial : très froid

Gravir : monter avec effort

Inadvertance : inattention

Manchot : oiseau des régions antarctiques

Météorologue : personne qui a étudié la science de la météorologie

Neutraliser : empêcher d'agir par action contraire

Nuée : multitude

Oursin : animal marin garni de piquants

Prédateur : animal qui se nourrit de proies

Sinueux : qui présente des détours

Toboggan : traîneau

La langue fourchue

Écris tes réponses sur une feuille blanche et compare-les avec celles du solutionnaire en page 46.

Les expressions de la langue française sont parfois cocasses. Trouve la bonne expression.

1. Quand Bôtan Môvètan réveille Clément le fait-il :

a. à distance ?

b. avec confiance ?

c. par inadvertance ?

2. Quand Moue Hette se demande si Clément, Julien et elle s'élancent dans une situation fâcheuse, croit-elle qu'ils s'embarquent :

a. dans une galère ?

b. dans une voiture ?

c. dans un avion ?

3. Quand Clément et Julien s'élancent à grande vitesse sur la côte à Iwi, le font-ils :

a. à tout bout de champ ?

b. à toute allure ?

c. à tout prix ?

4. Quand les skuas et les léopards de mer abandonnent la partie, battent-ils :

a. en défaite ?

b. en retraite ?

c. à l'aveuglette ?

5. Quand Julien affirme qu'il est à bout de souffle, est-il :

a. hors de lui ?

b. hors la loi ?

c. hors d'haleine ?

M'as-tu bien lu ?

Écris tes réponses sur une feuille blanche et compare-les avec celles du solutionnaire en page 46.

Voici un quiz qui te permettra de voir si tu as bien lu l'histoire *La côte à Iwi*.

1. **Qui dépose un toboggan au pied du lit de Julien ?**

a. Ypleu Haverses

b. Bau Seauleye

c. Bôtan Môvètan

2. **Quel est le nom du parc où Clément et Julien se rendent en début d'histoire ?**

a. Moképon

b. Pampette

c. Dentonin

44

3. Quels sont les animaux que doivent capturer Clément et Julien pour empêcher qu'ils ne s'attaquent à leur guide ?

a. des skuas et des léopards de mer

b. des araignées de mer et des oursins

c. des dauphins et des cachalots

4. Qui a passé l'avant-midi à arpenter la banquise à la recherche d'Iwi ?

a. ses cousins

b. ses parents

c. ses grands-parents

5. Quelle est la véritable fonction du toboggan que Julien a reçu pour son anniversaire ?

a. C'est une télécommande.

b. C'est la manette d'un jeu virtuel.

c. C'est une calculatrice.

Solutionnaire

La langue fourchue

Question 1 : c
Question 2 : a
Question 3 : b
Question 4 : b
Question 5 : c

M'as-tu bien lu ?

Question 1 : c
Question 2 : c
Question 3 : a
Question 4 : b
Question 5 : b

Titres de la série
Clément et **Julien**

6

13

26

35

38

Titres de la collection